www.ingramcontent.com/pod-product-compliance
Lightning Source LLC
LaVergne TN
LVHW010423070526
838199LV00064B/5393
* 9 7 8 9 3 5 8 7 2 5 4 1 4 *

خبرنامہ حلف

(حیدرآباد لٹریری فورم کا خبرنامہ)

مرتب:
علی ظہیر

© Taemeer Publications LLC

Khabarnama HLF

by: Ali Zaheer

Edition: September '2023

Publisher & Printer:

Taemeer Publications LLC (Michigan, USA / Hyderabad, India)

ISBN 978-93-5872-541-4

مصنف یا ناشر کی پیشگی اجازت کے بغیر اس کتاب کا کوئی بھی حصہ کسی بھی شکل میں بشمول ویب سائٹ پر اَپ لوڈنگ کے لیے استعمال نہ کیا جائے۔ نیز اس کتاب پر کسی بھی قسم کے تنازع کو نمٹانے کا اختیار صرف حیدرآباد (تلنگانہ) کی عدلیہ کو ہو گا۔

© تعمیر پبلی کیشنز

کتاب	:	**خبرنامہ حلف**
مرتب	:	**علی ظہیر**
صنف	:	تبصرہ / تجزیہ
ناشر	:	تعمیر پبلی کیشنز (حیدرآباد، انڈیا)
سالِ اشاعت	:	۲۰۲۳ء
صفحات	:	۳۲
سرورق ڈیزائن	:	تعمیر ویب ڈیزائن

حیدرآباد لٹریری فورم

حلف

خبرنامہ

اجلاس نمبر ۲۳، منعقدہ ۱۲ ؍ جولائی ۱۹۸۵ء سے
اجلاس نمبر ۲۷، منعقدہ ۱۳ ؍ ستمبر ۱۹۸۵ء کے
(۵) اجلاسوں کی روئداد

مرتبہ : علی ظہیر

تیسواں ادبی اجلاس

جمعہ ۱۲ر جولائی کو شام چھے بجے پوسٹ گریجویٹ کالج پشیر باغ میں حیدرآباد لٹریری فورم (حلف) کا ادبی اجلاس ممتاز افسانہ نگار جناب قدیر زماں کی صدارت میں منعقد ہوا۔ اس اجلاس میں ستار صدیقی نے اپنی تازہ غزلیں سنائیں۔ ان غزلوں پر حاضرین محفل نے اظہار خیال کیا۔

غیاث متین نے گفتگو کا آغاز کرتے ہوئے کہا کہ ستار صدیقی نئی غزل کو بصری اور سمعی پیکروں کے ذریعہ اپنی گرفت میں لینے کوشاں ہیں۔ پہلی غزل کے مطلع میں معنی کی تہوں کی انھوں نے نشان دہی کی۔ دوسری غزل کے بعض مصرعوں کو انھوں نے بجائے خود ایک مکمل شعری اکائی قرار دیا۔

اقبال ہاشمی نے کہا ایسا معلوم ہوتا ہے کہ یہ ساری غزلیں ایک ہی نشست میں لکھی گئی ہیں۔ "سبز عقیدت" اور "سبز کتاب" کی علامتیں ایک دوسرے کی نقیض کے طور پر استعمال کی گئی ہیں۔ مغنی تبسم نے بعض اشعار کا حوالہ دیتے ہوئے کہا کہ یہاں "مفہوم فی البطن شاعر" رہ گیا ہے۔ یہ غزلیں ان کی گذشتہ غزلوں کا اگلا قدم محسوس نہیں ہوتیں۔ ان میں فکر اور خیال کا عنصر جذبہ میں پوری طرح تحلیل نہیں ہو پایا ہے۔ انھوں نے بعض تشبیہات

کی غیر مناسبت کا بھی ذکر کیا اور کہا کہ غزل میں ہم کو بہت محتاط ہونے کی ضرورت ہے کیوں کہ اس کا فارم بڑا گمراہ کن ہوتا ہے اور شاعر قافیہ کے فریب میں پھنس جاتا ہے۔

علی ظہیر نے کہا ستار صدیقی کی غزلوں پر خاطر خواہ گفتگو ہو چکی ہے مناسب ہوگا کہ اب گفتگو کا دائرہ تھوڑا سا وسیع کرتے ہوئے صنفِ غزل پر ایک نظر ڈالی جائے۔ یہ عجیب بات ہے کہ صنفِ غزل کی جن زبانوں میں پہل ہوئی ان زبانوں میں آج عام طور سے اس صنف کی طرف کوئی توجہ نہیں دی جا رہی ہے۔ مثلاً جب وہ ایران میں تھے تو وہاں اس بات کو انھوں نے نمایاں طور پر محسوس کیا کہ فارسی میں نئے لکھنے والے غزل کے فارم کو بالکل نہیں برتتے۔ اسی طرح عربی زبان میں بھی غزل کی طرف کوئی غالب رجحان ہم کو نظر نہیں آتا۔ اس کے برخلاف ہندوستان اور پاکستان میں اردو زبان کے شعر کہنے والے اس صنف سخن کو بڑی محبت اور لگن کے ساتھ اپنائے ہوئے ہیں۔ اس کی وجوہات پر ہمیں غور کرنا چاہیئے۔ خصوصاً جب کہ اردو ہندوستان میں اب صرف بولنے یا پھر پڑھنے کی زبان بن کر رہ گئی ہے۔ تحریر میں یہ زبان اب کم ہی استعمال ہوتی ہے۔ کہیں ایسا تو نہیں کہ ہم اپنی زندگی کے تجربوں کو بیان کرنے کے بجائے اپنے اجداد کے خیالات کو دہرانا چاہتے ہیں۔ جب کہ زندگی کے اور مظاہر جیسے رہن سہن اور وضع قطع میں ہم قدما سے بالکل مختلف ہو چکے ہیں۔

مغنی تبسم نے علی ظہیر کی گفتگو کو موضوع بحث بناتے ہوئے کہا کہ اچھا ہے ہم آج تھوڑی سی بات چیت اردو غزل پر بھی کرلیں۔

مغنی تبسم نے کہا کہ پچھلے پچاس، ساٹھ برسوں سے یعنی حالی اور آزاد کے زمانے سے اردو غزل پر حملے ہو رہے ہیں۔ لیکن یہ ایک عجیب بات ہے کہ جب جب غزل پر اعتراضات کی شدّت ہوی ہے ہم کو غزل کے لکھنے والوں میں ایک نیا حوصلہ اور زندگی ملی ہے۔ فانی، اصغر، یگانہ اور جگر، اس کی مثال ہیں ——— ترقی پسند تحریک نے غزل کی مخالفت کی اور نتیجہ میں آزاد اور معرّا نظم ابھری لیکن پھر غزل کا احیا ہوا اور ناصر کاظمی جیسا غزل گو شاعر اردو کو ملا۔ مغنی تبسم نے کہا کہ یہ بھی ایک اہم بات ہے کہ جب جب غزل کا احیا ہوا ہے تو طرزِ میرؔ سے بطور خاص استفادہ کیا گیا۔ مثال فانی اور ناصر کاظمی کی ہے۔ موجودہ دور میں نظم کی کی صنف نے کوئی خاص ترقی نہیں کی۔ آج کی زندگی سے مطابقت رکھنے والا فارم نثری نظم ہی ہو سکتا ہے۔ مغنی تبسم نے مغربی ادب میں NEO LEFT تحریک کی مثال دی اور کہا کہ مغربی ادیبوں میں آرٹ کی جمالیاتی قدر باقی نہیں رہی۔ آرٹ کا بنیادی مقصد PLEASE کرنا ہے۔ مادہ پرستی کا اس قدر غلبہ ہے کہ ہم بچوں اور نوجوانوں کی خوشیوں میں بھی شامل ہونا نہیں چاہتے۔ نظم کے فارم میں کبھی کبھی ایک آدھ چیز ایسی پڑھنے کو مل جاتی ہے جس میں جمالیاتی اقدار کا پورا خیال رکھا گیا۔ حیدرآباد میں علی منظور نام کے ایک گمنام شاعر گذرے ہیں، انھوں نے "براد رنسبتی" جیسی نہایت عمدہ نظمیں لکھیں۔ اسی طرح عظمت اللہ خان اور احمد شمیم جیسے شاعروں کے ہاں چونکا دینے والی نظمیں اور گیت ملتے ہیں۔ ہماری ہر تخلیق ایک خوبصورت شے ہونی

چاہیئے۔ آگے چل کر انھوں نے کہا کہ جمالیات کو مقصدیت کے تابع قرار دینا دُرست نہیں ہے۔ یہ دراصل آرٹ سے غداری ہے۔

غیاث متین نے کہا کہ مغنی صاحب کی رائے میں جب غزل کی مخالفت غزل کو فائدہ پہنچاتی ہے تو آج کے دور میں بھی اس کی مخالفت سے پھر اسی کو فائدہ پہنچے گا۔

علی ظہیر نے جمالیاتی اقدار کی بات کو صد فی صد قبول کرتے ہوئے کہ جمالیاتی اقدار صرف روحانی سرچشموں سے وابستگی سے پیدا ہوسکتے ہیں انھوں نے کہا کہ میر کی شاعری اپنے انتہائی درجہ میں مابعد الطبعیاتی ہے ہم آج جب آسمانی کتابوں سے الگ ہوگئے ہیں تو جمالیاتی احساس کے دائرے بھی ہم پر محدود ہوگئے ہیں۔

مغنی تبسم نے پھر سے گفتگو میں شریک ہوتے ہوئے کہا کہ "روحانی" اور "صداقت" کی اصطلاحوں سے مغالطہ ہوسکتا ہے۔ آرٹ صداقت کو پیش نہیں کرتا لیکن وہ سچ ہوتا ہے۔ ہم کسی فنکار سے یہ مطالبہ نہیں کرسکتے کہ وہ کسی فلسفیانہ صداقت کو پیش کرے ایسا کرنا آرٹ کی تخلیق نہیں ہوگا۔ انھوں نے ہیئت اور مواد کے مسئلہ پر بھی گفتگو کی اور کہا کہ اِن دونوں کو ہم الگ نہیں کرسکتے۔

ستار صدیقی نے تمام احباب کا شکریہ ادا کیا جنھوں نے ان کے کلام کو سُنا اور اپنی رائے ظاہر کی۔ انھوں نے جذبے پر فکر کے عنصر کی اہمیت پر زور دیا۔ انھوں نے ان کی شاعری پر کیے گئے مختلف اعتراضات کا مناسب جواب بھی دیا۔

آخر میں صدرِ محفل جناب قدیر زماں نے ستار صدیقی کی شاعری پر اتنی ساری گفتگو کے بعد مزید کچھ کہنا مناسب نہ سمجھتے ہوئے غزل کی وسعت اور اس کی ہر دل عزیزی کے ذکر پر اپنی تقریر کو تمام کیا۔

یہ محفل جنرل سکریٹری علی ظہیر کے شکریہ پر اختتام کو پہنچی۔

چوبیسواں ۲۴ ادبی اجلاس

بمقام ہنری مارٹن انسٹی ٹیوٹ نامپلی اسٹیشن روڈ حیدرآباد لٹریری فورم کا چوبیسواں اجلاس شام سات بجے جناب مضطر مجاز کی صدارت میں منعقد ہوا۔ اس جلسہ میں لندن سے آئے ہوئے محقق اور دانشور ڈاکٹر ضیاالدین شکیب نے اردو کی جدید شاعری پر تقریر کی اور عثمانیہ یونیورسٹی کے انگریزی ادب کے سابق پروفیسر جناب سراج نے ٹی۔ ایس۔ ایلیٹ کی نظم ویسٹ لینڈ کے پہلے حصہ کا اردو ترجمہ پیش کیا۔ حلف کے نمائندہ شعرا نے اپنا تازہ کلام پیش کیا اور جناب یوسف اعظمی نے پروفیسر سراج الدین کے ترجمہ پر ایک نوٹ پڑھا۔

سب سے پہلے اقبال ہاشمی، محمد علی اثر، نثار صدیقی، مظہر مہدی، رفیق جعفر، یوسف اعظمی، طالب خوندمیری، اثر غوری، علی ظہیر، علی الدین نوید، رؤف خیر، غیاث متین، طالب شاہ بادی اور مضطر مجاز نے اپنی اپنی تازہ تخلیقات پیش کیں۔ ضیاالدین شکیب نے محفلِ شعر کے بعد اپنی

تقریر کا آغاز کیا۔ انھوں نے کہا کہ لندن میں ہندوستان اور پاکستان کے لکھنے والوں کی اکثر تخلیقات پڑھنے کو مل جاتی ہیں لیکن شہر حیدرآبا کے لکھنے والوں کی چیزیں وہاں بہت مشکل سے ملتی ہیں۔ انھوں نے کہا کہ اس کا مطلب یہ نہیں ہے کہ حیدرآبادی شعرا سے لندن میں لوگ واقف نہیں ہیں بلکہ انھوں نے حلف کے بعض شعرا کے نام گنوائے اور کہا کہ یہ لوگ لندن میں بخوبی جانے جاتے ہیں۔ خود لندن میں اردو بولنے والوں میں زیادہ تر شعرا کا تعلق پاکستان سے ہے۔ ضیاالدین شکیب نے کہا کہ بڑی شاعری کی تخلیق کے لیے جز وقتی شاعری کرنے سے کام نہیں چل سکتا۔ اس کام کے لیے آدمی کو پوری طرح شاعر ہونا چاہیئے۔ انگریزی زبان کے شعرا میں یہ بات پائی جاتی ہے کہ اکثر جدید انگریزی شاعر محض شاعری کے لیے اپنے آپ کو وقف کر چکے ہیں۔ شاید یہ بات اس لیے بھی ممکن ہے کہ وہاں کا معاشرہ فن کی قدر کرتا ہے۔ شکیب صاحب نے کہا کہ لوگ مختلف وجوہات کی بنا پر شعر کہتے اور پڑھتے ہیں۔ میں شعر تاریخ کے نقطۂ نظر سے پڑھتا ہوں۔ اس لیے میں یہ دیکھتا ہوں کہ شاعر نے زبان کو، سوسائٹی کو اور ادب کو کیا دیا۔ انھوں نے کہا کہ حیدرآبادی شعرا کو اردو کی عالمی فضا میں نظر انداز نہیں کیا جاسکتا۔ انھوں نے آگے چل کر ہندوستانی اور پاکستانی شعرا کے مابین ماحول اور حالات کے فرق کو ملحوظ رکھتے ہوئے تفریق کی نشاندہی کی۔ پھر انگلستان کے ماحول کے فرق کی بنا پر لندن میں لکھنے والوں اور برصغیر کے لکھنے والے کے مابین فرق کو واضح کیا۔ اسی لیے برصغیر کے شعرا کو مغربی ادبی

تحریکات سے وابستہ ہوکر ان کی نقالی نہیں کرنی چاہیئے۔ انھوں نے شاعری میں فکری عناصر کا ذکر کرتے ہوئے کہا کہ جتنا حیدرآباد کی شعرا میں فکری عنصر انھیں نظر آتا ہے وہ ہندوستان کے اور جگہوں سے تعلق رکھنے والے شعرا کے ہاں نظر نہیں آتا۔ اسی طرح مغرب اور مشرق کی شاعری میں جس قدر مثبت عناصر ہم کو مشرق میں ملتے ہیں، مغرب میں نظر نہیں آتے، کیوں کہ وہاں مستقبل سے مایوسی ہے جب کہ ہماری تہذیب ترقی پذیری کے عمل سے گذر رہی ہے اسی لیے ہم کو مستقبل سے ابھی ویسی مایوسی نہیں ہے اور چونکہ مستقبل بجائے خود ایک تخلیقی عمل ہے اسی لیے جو مستقبل سے وابستہ ہوگا اس کے پاس تخلیقی اظہار بھی بیشتر ہونا چاہیئے' برصغیر کی شاعری میں مایوسی کے پائے جانے کو غیر فطری قرار دیا۔ یہاں کے حالات کے لحاظ سے بالخصوص ہندوستان میں جو معاشی اور سیاسی طور پر ایک مستحکم ملک بنتا جا رہا ہے، کوئی کس طرح مایوسی کا شکار ہوسکتا ہے۔ آج کی اس شعری نشست میں جن شعرا نے اپنا کلام سنایا انھوں نے کہا کہ اس میں ان کو تازگی ضرور محسوس ہوئی لیکن بعض شعرا کے ہاں مایوسی اور بے بسی کی کیفیت انھیں سمجھ میں نہیں آئی۔ پھر بھی مجموعی حیثیت سے شعرا کے ہاں عرفانِ ذات کی کوشش، زبان کا رچاؤ اور ابیج اچھی لگی۔ اب اُردو کا بڑا شاعر وہی ہوگا جو اس زبان کو زندگی دے سکے۔ ان خیالات پر ڈاکٹر ثکیب نے اپنی تقریر کو ختم کیا۔

اس کے بعد جناب یوسف اعظمی نے ٹی۔ایس۔ایلیٹ کی نظم

ویسٹ لینڈ کے پہلے حصے پر ایک مختصر سا نوٹ پڑھا۔ انھوں نے کہا کہ اس نظم کا پہلا حصہ ترجمے کے نقطۂ نظر سے نہایت دشوار ہے۔ اس میں ایلیٹ نے اس احساس کا اظہار کیا ہے کہ موجودہ نسلِ انسانی ریاکار ہے۔ انھوں نے کہا کہ سراج صاحب نے اس سے پہلے اقبال کی بعض کو اردو سے انگریزی زبان میں منتقل کیا ہے۔ اب انھوں نے انگریزی زبان کی شہرہ آفاق نظم کا اردو میں نہایت کامیاب ترجمہ پیش کیا ہے۔

اس نوٹ کے بعد پروفیسر سراج الدین نے ویسٹ لینڈ کے پہلے حصہ کا ترجمہ پیش کیا۔ بعض بعض مقامات پر انھوں نے نظم کے ترجمے میں پیش آنے والی دشواریوں کا بھی ذکر کیا اور کہا کہ انشاء اللہ وہ جلد ہی پوری نظم کا ترجمہ مکمل کرلیں گے۔

آخر میں صدر محفل جناب مضطر مجاز نے ڈاکٹر ضیاالدین شکیب کی تقریر کو سراہتے ہوے کہا شکیب صاحب نے ناموں کے اظہار میں بہت انکسار سے کام لیا ہے ورنہ وہ لندن کے ادبی ماحول میں بہت زیادہ جانے پہچانے جانے والوں میں سے ہیں۔ سراج صاحب کے ترجمے پر اظہار خیال کرتے ہوے مضطر مجاز نے کہا کہ یہ ایک نہایت دشوار کام ہے لیکن سراج صاحب نے اس کو بڑی خوش اسلوبی سے انجام دیا ہے۔ انھوں نے امید ظاہر کی کہ سراج الدین صاحب اپنے آیندہ قیامِ کشمیر کے دوران میں اس ترجمے کو بہ حسن خوبی تمام کرلیں گے۔

یہ یادگار محفل علی ظہیر کے شکریہ پر اختتام کو پہنچی۔

پچیسواں اجلاس

(انور رشید مرحوم کا تعزیتی جلسہ)

بتاریخ ۱۱ راگست ۸۵ء شام چھے بجے ہنری مارٹن انسٹی ٹیوٹ میں نوجوان افسانہ نگار انور رشید کے سانحہ ارتحال پر حلف کا تعزیتی جلسہ منعقد ہوا۔ اس اجلاس میں انور رشید کو حیدر آباد کے جدید افسانہ نگاروں، شاعروں اور دانشوروں نے خراجِ عقیدت پیش کیا۔ ہنری مارٹن انسٹی ٹیوٹ کا ہال کثرتِ سامعین کی وجہ سے تنگ دامنی کا شکوہ کر رہا تھا۔

حسن فرخ پر انور رشید کی شخصیت اور فن پر مضمون پڑھا۔ انھوں نے کہا کہ انور ایک باصلاحیت اور ذہین فن کار تھے اور ان کی اپنی ایک شخصیت تھی۔ انور رشید نے حالات کے آگے کبھی سپر نہیں ڈالی چناں چہ وہ آخر دم تک وقت اور اپنے نفس دونوں سے شدید طور پر برسرِ پیکار رہے۔ مضطر مجاز نے انور رشید کے بارے میں اپنے تاثرات کا اظہار کرتے ہوئے کہا کہ اس وقت ہم کو مرحوم کے افرادِ خاندان کے لیے فنڈز جمع کرنے چاہئیں۔ اس سلسلے میں انھوں نے انھوں نے اپنا بھرپور تعاون دینے کی پیش کش کی۔

یوسف کمال نے کہا کہ انور کا فنی نقطۂ نظر مین را کا سا تھا اور

جدید افسانے کے خدوخال ابھارنے میں انور رشید کا بھی حصہ ہے۔

احمد جلیس نے انور رشید کے ایک افسانے "راہبانہ شقاوت" کا تجزیہ پیش کیا۔ انھوں نے انور رشید کے اسلوب کو جیمس جوائز اور کافکا کے اسلوب سے مشابہہ قرار دیا۔

غیاث متین نے کہا کہ انور کو ہم بہترین خراج ان کے دوسرے افسانوں کا مجموعہ "ہم پھر گرفتار ہوے" کی اشاعت کا اہتمام کر کے ہی پیش کرسکتے ہیں۔

بیگ احساس نے جو ذرا دیر سے اس محفل میں شریک ہوے تھے اپنا مضمون سناتے ہوے بعض فن کار اور سماج کے بنیادی رشتوں اور سماج کی طرف سے فن کے استحصال کی طرف روشنی ڈالی۔ انھوں نے دانشوروں اور نقادوں کا ذہین فن کاروں کو بے راہ رو کر دینے کا ذکر بھی کیا جس کی وجہ سے آج تخلیق تنقید کے پیچھے ہوگئی ہے۔

یوسف اعظمی نے اپنے تاثرات بیان کرتے ہوے کہا کہ انور رشید شروع سے آخر تک حلف سے وابستہ رہے۔ ان کے افسانے اکثر بیانیہ ہوتے ہوے بھی جدید تھے اور فن کار کے سچ بولنے کی کوشش کی بنا پر ان کے فن میں تازگی تھی۔

اقبال ہاشمی، منظر مہدی، علی الدین نوید، علی ظہیر اور غیاث متین نے انور رشید کو منظوم خراجِ عقیدت پیش کیا۔ دہلی میں رہنے والے حلف سے وابستہ شاعر، باذل عباسی کی نظم انور رشید کی موت پر علی ظہیر نے پڑھ کر سنائی۔

صدرِ محفل عوض سعید نے انور رشید مرحوم پر اپنا خاکہ پڑھ کر سنایا۔

آخر میں جنرل سکریٹری علی ظہیر نے قرار دادِ تعزیت پیش کی۔

"جواں مرگ افسانہ نگار اور شاعر انور رشید کی بے موقع موت پر، حیدرآباد لٹریری فورم کی جانب سے ہم سب شدید غم اور گہرے افسوس کا اظہار کرتے ہیں۔ انور نہ صرف حلف کے ممبر تھے بلکہ وہ اس فورم کے روحِ رواں بھی تھے۔

انور رشید کے افسانے اور شاعری ہندوستان کی آزادی کے بعد کے اُردو ذہن کو سمجھنے میں ہمیشہ مدد دیں گے۔ انور نے سچ کہنے کے لیے اپنی مادّی زندگی کی کبھی پروا نہیں کی۔ جھوٹ کے خلاف لڑتے لڑتے آخر کار وہ ہم سے بچھڑ گئے۔ ہمارے ادبی سفر کے اس ساتھی کے اس طرح بچھڑ جانے پر ہم حلف کی جانب سے اپنا بھرپور خراجِ عقیدت پیش کرتے ہیں۔ اللہ تعالیٰ مرحوم کی روح کو مغفرت اور افرادِ خاندان کو صبرِ جمیل عطا فرمائے۔"

چھبیسواں (۲۶) اجلاس

(شاذ تمکنت کا تعزیتی جلسہ)

۳۱ راگست ۸۵ء شام سات بجے اتوار کے دن ہنری مارٹن انسٹی ٹیوٹ میں شاذ تمکنت مرحوم کی یاد میں حیدرآباد لٹریری فورم نے

منعقد کیا۔ اس جلسہ کی صدارت ڈاکٹر انور معظم نے فرمائی۔ جلسہ کی کاروائی حلف کے آرگنائزنگ سکریٹری غیاث متین نے چلائی۔

جلسہ کا آغاز ہندی کے نوجوان شاعر اور شاذ مرحوم کے شاگرد کے تحریر کردہ ہندی مرثیے سے ہوا۔ پھر ڈاکٹر محمد علی اثر نے غزل پیش کی، جس میں شاذ کو خراجِ عقیدت پیش کیا گیا۔ منظوم خراجِ عقیدت جناب وقار خلیل، جناب اقبال ہاشمی اور جناب رشید شہیدی نے بھی پیش کیا۔ اس کے بعد جناب نہپال سنگھ ورما جی نے شاذ پر ایک تاثراتی مضمون بعنوان "پتھراؤ کی چوکھ برکھا میں" سنایا۔ جس میں انھوں نے کہا کہ دکن سے اٹھتا ہوا شاعری کا شعلہ خاموش ہو گیا۔

عوض سعید نے اپنے تاثرات خاکہ کی شکل میں پیش کرتے ہوئے کہا کہ ہم مخدوم، اریب، جامی اور عالم کی طرح شاید شاذ کو بھی بھلا بیٹھیں۔ آمنہ انصاری نے شاذ تمکنت کی شخصیت کے بارے میں ایک تاثراتی مضمون پیش کیا۔ اثر غوری نے غزل میں شاذ کو خراج پیش کیا۔ محسن جلگانوی صاحب نے شاذ پر ایک نظم سنائی۔ اس کے بعد جناب احمد جلیس نے اپنا تعزیتی مضمون "وہ بڑے جتن سے چلا گیا" سنایا۔ احمد جلیس کے مضمون کے بعد شاذ تمکنت مرحوم کے حقیقی بھائی سید امتیاز الدین نے پہلی مرتبہ ایک نظم سنائی جو شاذ تمکنت کی یاد میں تھی۔ اس نظم کو سُن کر سامعین کی آنکھیں ڈبڈبا گئیں۔

سارے ہال پر سناٹا طاری رہا۔ شخصی تاثر کی فضا حسن فرخ کے ادبی مضمون سے قدرے کم ہوئی لیکن شاذ کے ادبی خد و خال نمایاں نظر

آنے لگے۔ حسن فرخ نے کہا کہ ترکیب بنانے میں شاذ ہم کو انیس اور جوش کے ہم پلہ نظر آتے ہیں۔ اکل حیدرآبادی نے نظم پیش کی جس کے بعد اختر حسن نے شاذ سے اپنے دیرینہ روابط پر تفصیل سے روشنی ڈالی اور شاذ کے اس طرح بچھڑ جانے کو حیدرآباد کے اردو ماحول کے لیے نہایت بدبختانہ واقعہ قرار دیا۔

رشید عبدالسمیع جلیل نے غزل سنائی۔ یوسف اعظمی صاحب نے 'A HOMAGE TO THE POET' کے عنوان سے انگریزی زبان میں نظم لکھ کر شاذ کو خراج عقیدت پیش کیا۔

مغنی تبسم نے تقریر کی اور کہا کہ وہ موت کے معینہ وقت کے قائل ہیں لیکن ہم سب جو آئندہ مرنے والے ہیں گذشتہ مرنے والوں کا غم بھی کرتے ہیں۔ انھوں نے شاذ کے فن کو بھی بھرپور خراجِ عقیدت پیش کیا تقریر کے بعد مغنی تبسم نے شاذ تمکنت مرحوم کے دوست جناب راشد آذر کی نظم پڑھ کر سنائی جو شاذ کے غم میں لکھی گئی تھی۔

علی الدین نوید نے بھی شاذ کو منظوم خراج پیش کیا۔ علی ظہیر نے شاذ کی غزل پر تظمین سنائی۔ مصطفیٰ مجاز نے تاثرات پیش کیے، پھر شاذ کے ایک شاگرد اور حلف کے رکن جناب عبدالقدوس نے شاذ پر اپنے تاثرات پیش کیے اور کہا کہ آج ہنری مارٹن انسٹی ٹیوٹ کا ہال بھی شاذ کی کلاس کی طرح کھچا کھچ بھرا ہوا نظر آ رہا ہے۔ انھوں نے کہا کہ جب شاذ کالج میں کلاس لیتے تو کرسیوں کی کمی پڑ جاتی اور پاس کی جماعت سے کرسیاں کھینچ کر لانی پڑتیں۔ اسی طرح آج یہاں بھی یہی منظر دیکھنے میں آ رہا ہے۔

غیاث متین نے کارروائی چلاتے ہوئے کہا شاذ کی موت نے ایسے لوگوں کو بھی رلایا ہے جنھوں نے زندگی میں شاید کبھی آنسو نہیں بہائے ہوں گے۔

آخر میں صدر محفل جناب انور معظم نے کہا کہ شاذ ان کے نہایت قریبی دوستوں میں سے تھے۔ شاذ کا خاندان بہت وسیع تھا۔ چناں چہ یہاں بیٹھے ہوئے سبھی احباب مرحوم کے خاندان کے افراد کی حیثیت رکھتے ہیں۔ اسی لیے جو اظہار شاذ کے بارے میں یہاں کیا گیا وہ بے ساختہ تھا اور محسوس ہو رہا تھا کہ بات دل سے نکلی ہے۔ ڈاکٹر انور معظم نے شاذ کی شخصیت پر روشنی ڈالتے ہوئے کہا کہ وہ ایک نہایت سنجیدہ قسم کے انسان تھے۔ ان کی شاعری میں ان کی سنجیدگی کا خاصا دخل ہے۔ شاذ نے ہماری تہذیب کو بہت کچھ دیا ہے اسی لیے انھوں نے کہا کہ وہ ایک اچھے آدمی کہلانے کے مستحق ہیں۔

جنرل سکریٹری علی ظہیر نے ایک تعزیتی قرارداد پڑھ کر سنائی۔ جس میں وائس چانسلر عثمانیہ یونی ورسٹی سے درخواست کی گئی ہے کہ وہ شاذ تمکنت مرحوم کو بعد از مرگ پروفیسر شپ عطا کریں جس کے وہ پوری طرح مستحق تھے۔ اس کے بعد تمام حاضرینِ محفل نے مرحوم کے سوگ میں دو منٹ کی خاموشی اختیار کی۔

آرگنائزنگ سکریٹری غیاث متین کے شکریہ پر یہ تعزیتی محفل اختتام کو پہنچی۔

ستائیسواں ادبی اجلاس

۱۳ ستمبر ۸۵ء کی شام حلف کا ادبی جلسہ اختر حسن صاحب کی صدارت میں ہنری مارٹن انسٹی ٹیوٹ پر منعقد ہوا۔ مغنی تبسم نے نظم سنائی اور بیگ احساس نے افسانہ "پرانی بستی نیا شہسوار" پیش کیا۔ ان تخلیقات پر جو پہلے ہی سے فورم کے اراکین میں تقسیم کی جاچکی تھیں، تفصیل سے گفتگو ہوئی اس مخصوص ادبی محفل میں افسانہ و ناول نگار قاضی عبدالستار نے بطور مہمانِ خصوصی شرکت کی۔

مغنی تبسم نے جو حیدرآباد لٹریری فورم کے صدر بھی ہیں اپنی نظم سنانے سے پہلے حلف کی جانب سے پروفیسر قاضی عبدالستار کا خیر مقدم کیا اور حلف کا ایک مختصر سا تعارف بھی کرایا۔

مغنی تبسم کی نظم پر حسن فرخ صاحب نے گفتگو کا آغاز کیا۔ انھوں نے کہا کہ اس نظم میں کسی بچھڑے ہوئے لمحے کی یاد ہے۔ اس نظم کی خوبی یہ ہے کہ اسے سنتے یا پڑھتے وقت قاری کے ذہن پر ایک کھو جانے والی کیفیت طاری ہو جاتی ہے انھوں نے اس نظم کو شاعر کے ذہنی اور فکری سفر کی مراجعت سے بھی تعبیر کیا۔

مصحف اقبال توصیفی صاحب نے کہا کہ اس نظم کا مرکزی خیال رفیق کی موت کا حادثہ ہے۔ نظم وقت کے تین نقطوں کو پیش کرتی ہے۔ منظر۔ پس منظر اور پیش منظر۔ جذبے کی پُراسراریت۔ "جب دروازے بولیں گے"

کی طرح کے اظہارات سے ظاہر ہوتی ہے۔

ڈاکٹر یوسف کمال نے اس نظم میں افلاطونی محبت کی دریافت کی۔ انھوں نے کہا کہ ہندوستانی ادب میں اس کی مثال ہمیں "دیوداس" جیسی تخلیقات میں ملتی ہے۔ بالخصوص انھوں نے کہا کہ بمل رائے کی فلم "دیوداس" میں دو پرندوں کے اُڑنے کے منظر سے جو تاثر ہمیں ملتا ہے کچھ ایسا ہی تاثر اس نظم کا بھی ہے۔

علی ظہیر نے اس کو ایک رومانی نظم قرار دیا۔ بیگ احساس نے نظم پر تبصرہ کرتے ہوئے کہا کہ اس نظم کی تفہیم میں ہم کو زیادہ الجھنا نہیں پڑتا۔ نظم سے یہ بات سمجھ میں آتی ہے کہ کوئی بڑا حادثہ شاعر کے ساتھ ہوا ہے۔ جس کی وجہ سے سارا منظر منجمد ہو گیا ہے۔ انھوں نے کہا کہ نظم میں خواہشِ مرگ کا اظہار بھی ہمیں ملتا ہے۔

غیاث متین صاحب نے مغنی تبسم کی نظم پر اظہارِ خیال کرتے ہوئے کہا کہ جب ہم سے کوئی ہماری محبوب شئے چھن جاتی ہے تو ہم "جھوٹ جاگتے" اور "جھوٹ سوتے" ہیں۔ نظم کچھ ایسی ہی کیفیت رکھتی ہے۔ نظم کی آخری تین سطروں سے شاعر کا شخصی INVOLVMENT سامنے آتا ہے۔

یوسف اعظمی نے اس نظم کو رومانی کہا لیکن انھوں نے کہا کہ یہ روایتی رومانی انداز کی نظم نہیں ہے۔ پوری نظم اپنے آپ سے سوال کرتی ہے۔ یہ کیفیت بار بار پڑھنے پر ہی کھلتی ہے۔

آخر میں خود شاعر مغنی تبسم نے اپنی نظم پر اظہارِ خیال کرتے ہوئے کہا کہ جن تاثرات کا ابھی ابھی یہاں اظہار کیا گیا اُن میں ایک بات انھیں چھوٹتی

ہوئی محسوس ہوئی اور وہ نظم کے واحد متکلم کی جو خواہشِ مرگ بھی رکھتا ہے اپنے آپ کو دیکھنے کی کوشش ہے۔ انھوں نے کہا کہ نظم کا واحد متکلم قریب المرگ ہے۔ دروازہ بار بار بول رہا ہے اور غم کی فضا کی وجہ سے دیواریں خاموش ہیں۔

نظم پر اظہارِ خیال کے بعد بیگ احساس نے افسانہ "پرانی بستی نیا شہہ سوار" پڑھ کر سنایا۔ اس افسانے پر سب سے پہلے علی الدین نوید نے قدرے طویل گفتگو کی اور تقریباً افسانے کے سارے علائم کی توجیہہ پیش کی۔ اس افسانے کے قواقی اور تلمیحات پر بھی انھوں نے روشنی ڈالی اور کہا کہ افسانے میں اصحابِ کہف، یاجوج ماجوج اور ذوالقرنین کے واقعات کی طرف ہم کو واضح اشارے ملتے ہیں جیسے بُرے اور اچھے لوگوں کے درمیان دیوار کھڑی کرنے کا ذکر وغیرہ۔ انھوں نے پرانی بستی سے مراد شہر حیدرآباد لی جو نئے اور پُرانے شہروں میں تقسیم ہے اور جنھیں ایک ندی دو حصوں میں بانٹتی ہے۔ جہاں اکثر فساد بھی ہونے لگے ہے۔ ان ساری باتوں کو بیگ احساس نے علامتی انداز میں پیش کیا ہے۔

غیاث متین نے اظہارِ خیال کرتے ہوئے کہا کہ اس افسانہ میں موضوع سے زیادہ تکنیک کی اہمیت ہے۔ یہ افسانہ کرداروں کی گفتگو سے ہم پر کُھلتا ہے لیکن کرداروں کی مسلسل تکرار بُری لگتی ہے۔ آغاز کی سطروں میں شہسوار کے آنے کا اشارہ نہ ہوتا تو بہتر تھا۔

یوسف کمال نے افسانے کو مقامی واقعات کے پیش کرنے کی کوشش قرار دیتے ہوئے کہا کہ کرداروں کی مسلسل گفتگو OVER STATEMENT

کا شکار ہوگئی ہے۔ اس کی تکنیک ناقص اور ویژن غیر واضح ہے۔ یوسف کمال نے کہا کہ ہم ملکی مصیبتوں کا حل آسمانی شہسواروں کے ذریعہ نہیں ڈھونڈ سکتے۔ آج کے مسائل کا حل کسی شہسوار کا انتظار نہیں بلکہ خود اعتمادی اور ذاتی ہمت ہے۔

حسن فرخ نے یوسف کمال سے اختلاف کرتے ہوئے کہا کہ افسانے میں اتنی طوالت ہرگز نہیں ہے جتنی کہ یوسف کمال محسوس کرتے ہیں۔ انھوں نے کہا کہ شہسوار کا انتظار ایک طنزیہ شکل میں پیش کیا گیا ہے۔ افسانہ نگار کی مُراد عمل ہی ہے۔ اس افسانے کے پانچ کردار ہندوستان کے پانچ طبقوں کی نمائندگی کرتے ہیں۔

منظور مہدی نے کہا کہ اس افسانے میں الفاظ کا استعمال بہت فیاضی سے کیا گیا ہے اس کا مرکزی خیال عدم تحفظ کا احساس ہے اسی لیے اس کے کردار بے یقینی کی صورتِ حال سے دوچار ہیں۔ یوسف اعظمی نے اس موقع پر بحث میں حصّہ لیتے ہوئے کہا کہ بین السطور میں یوں تو یہ افسانہ حیدرآباد شہر کو پیش کرنے کی کوشش ہے لیکن ہم اس کے اظہارات کو وسیع تر پس منظر میں بھی دیکھ سکتے ہیں۔ انھوں نے کہا کہ کرداروں کے نام رکھنے سے افسانہ نگار کا نقطۂ نظر سامنے نہیں آسکتا تھا۔ اسی لیے ان کے نام نہیں رکھے گئے۔

احمد حمیدالدین نے بھی کہا کہ افسانے میں پلاٹ اور کہانی پن موجود ہے لیکن اس میں وحدتِ تاثر کی کمی محسوس ہوتی ہے۔

مغنی تبسم نے بیگ احساس کے افسانے کے مختلف فنّی پہلوؤں پر

تنقید کرتے ہوئے کہا کہ تکنیک کے اعتبار سے بھی یہ افسانہ نیا نہیں ہے۔ انتظار حسین نے اس تکنیک کو عمدگی سے برتا ہے۔ دوسروں کے ہاں یہ تکنیک افسانے کو بوجھل بنا دیتی ہے اور چند سطروں کے بعد افسانہ پڑھنے کو جی نہیں چاہتا۔ ہر اچھا افسانہ نگار اپنا اسلوب خود بناتا ہے۔

معنیٰ تبسم کے بعد مہمانِ خصوصی قاضی عبدالستار نے اظہارِ خیال کیا۔ انھوں نے سب سے پہلے حیدر آباد آنے پر مسرت کا اظہار کیا پھر حیدر آباد لٹریری ادبی سرگرمیوں کو سراہا۔ قاضی صاحب نے شاعری اور افسانہ کی طرف نقادوں کے رویے کے فرق کو واضح کرتے ہوئے کہا کہ چوں کہ اُردو زبان میں شاعری کی روایت بہت مستحکم رہی ہے اسی لیے ادبِ عالیہ میں صرف شاعری کی ہی مثالیں دی جاتی ہیں اور افسانے کو یکسر نظر انداز کر دیا جاتا ہے۔ اس محفل میں بھی نظم پر جس قدر تفصیل سے اظہارِ خیال کیا گیا افسانے پر اتنی توجہ نہیں دی گئی۔ اس کی وجہ انھوں نے وہی روایت پرستی بتائی۔ قاضی عبدالستار کے خیال میں افسانے پر تنقید کرنا زیادہ جگر کاوی کا کام ہے بہ نسبت شاعری پر کچھ کہنے کے۔ انھوں نے بیگ احساس کے افسانے کو سراہا اور انھیں مبارک باد دی۔

آخر میں صدرِ محفل اختر حسن صاحب نے اس اجلاس کی کارروائی کا مختصر سا جائزہ لیا۔ یہ یادگار ادبی محفل علی ظہیر کے شکریہ پر اختتام کو پہنچی۔

○

اراکینِ حلف

(نام اور پتے)

۱۔ اثر غوری 116-9-5 کنگ کوٹھی روڈ، حیدرآباد۔ 500 001

۲۔ احمد جلیس 108 اے کلاس، معظم پورہ، حیدرآباد۔ 500 001

۳۔ اقبال طاہر 11-2-551/2 دیوڑھی سلطان نواز جنگ، آغاپورہ حیدرآباد

۴۔ اقبال ہاشمی آفس آف دی چیف الکٹریکل انجینئر 7th فلور ایس سی آر ریل نلایم، سکندرآباد۔

۵۔ اکل حیدرآبادی 11-6-673 ریڈہلز، حیدرآباد۔ 500 004

۶۔ پروفیسر انور معظم 178-A معظم پورہ، حیدرآباد۔ 500 001

۷۔ بشارت علی 22-2-522 بال سٹی کھیت، حیدرآباد۔ 500 024

۸۔ ڈاکٹر بیگ احساس 11-8-859 سی آئی۔ بی کوارٹرس، نیا ملک پیٹ حیدرآباد۔ 500036

۹۔ تاج مہجور 20-2-499 کوکا کی ٹٹی، حیدرآباد۔ 500 264

۱۰۔ جبار صدیقی 3-6-27/2/1 کوچۂ شہید یار جنگ، حیدرآباد۔ 500 029

۱۱۔ جمیلہ نشاط 19/3RT وجے نگر کالونی، حیدرآباد۔ 500004

۱۲۔ جیلانی بانو 178/A معظم پورہ، حیدرآباد 500001

۱۳۔ حامد مجاز 2-4-904 کاچی گوڑہ، حیدرآباد۔ 500 027

۱۴۔ حسن فرخ 16-3-160 ہمایوں نگر، حیدرآباد۔ 500028

۱۵۔ خالد قادری اے۔ آغاپورہ، حیدرآباد 500 001

۱۶۔ خواجہ ناصر الدین 16.3.992/1/1 ملک پیٹ، حیدرآباد۔ 500 036

۱۷۔ ذکی بلگرامی 22-2-221/ع کامٹ واڑی روڈ، حیدرآباد 500024

۱۸۔ رشید شہیدی نشیمن، پرانی حویلی، حیدرآباد 500002

۱۹۔ رضا وصفی 1-6-79 رسالہ خورشید جاہی، زمستان پور، مشیر آباد، حیدرآباد۔

۲۰۔ رؤف خیر 9-10-202/19 رسالہ بازار، گولکنڈہ، حیدرآباد۔ 500 008

۲۱۔ ستار صدیقی 16-4-738 چنچل گوڑہ، حیدرآباد۔ 500 001

۲۲۔ سید احمد علی 4-3-160 ہنومان ٹیکری، حیدرآباد 500 001

۲۳۔ سید سراج الدین 12-2-558/S مہدی پٹنم، حیدرآباد 500 024

۲۴۔ سید علی ظہیر سازا اپارٹمنٹس روڈ نمبر ۱، بنجارہ ہلز، حیدرآباد 500034

۲۵۔ شاہد حسین کوہ زرین، ہمایوں نگر، حیدرآباد 500 029

۲۶۔ شمیم نصرتی 1-5-349 مشیر آباد، حیدرآباد 500 048

۲۷۔ طالب خوندمیری 16-4-369 چنچل گوڑہ، حیدرآباد 500024

۲۸۔ ظہیر الدین احمد 11-3-112 بی۔ کلاس (69) معظم پورہ، حیدرآباد 500001

۲۹۔ عبدالقدوس 12-2-458/1 مہدی پٹنم، حیدرآباد

۳۰۔ علی الدین نوید 16-3-837 چنچل گوڑہ، حیدرآباد 500 024

۳۱۔ عوض سعید 11-6-865/2 [illegible] ریڈ ہلز، حیدرآباد 500 004

۳۲۔ غیاث صدیقی 27-5-242 کالی کمان، حیدرآباد 500 002

۳۳۔ غیاث متین 16-3-587 نیا ملک پیٹ، حیدرآباد 500024

۳۴۔ قدیر زماں 16-10-49 نیا ملک پیٹ، حیدرآباد 500036

۳۵۔ مجنوں حیدرآبادی 1-2-265/23/9 گگن محل روڈ، دوّمل گوڑہ، حیدرآباد۔

۳۶۔ محسن جلگانوی 867/17 ریلوے بلڈنگس، ساؤتھ لالہ گوڑہ، سکندرآباد۔ 500 017

۳۷۔ (ڈاکٹر) محمد افضل اقبال 5-2-38 جام باغ روڈ، حیدرآباد۔ 500 001

۳۸۔ (ڈاکٹر) محمد علی اثر 20-4-226/9 محبوب چوک، حیدرآباد 500 002

۳۹۔ (ڈاکٹر) مرزا اکبر علی بیگ 5-9-1032، حیدرگوڑہ، حیدرآباد 500029

۴۰۔ مصحف اقبال توصیفی 12-2-310، مرادنگر، حیدرآباد 500028

۴۱۔ مصلح الدین سعدی 16-14-345 چنچل گوڑہ حیدرآباد 500024

۴۲۔ مضطر مجاز 16-5-21 فرحت نگر، حیدرآباد 500 024

۴۳۔ مظہر الزماں خاں 256 سپشل سی کلاس سی۔آئی۔بی کاچی گوڑہ، حیدرآباد 500 027

۴۴۔ مظہر مہدی 16-8-280 چنچل گوڑہ، حیدرآباد 500024

۴۵۔ معین امر 21-6-463 گھانسی بازار، حیدرآباد 500002

۴۶۔ (پروفیسر) مغنی تبسم 11-6-865 ریڈ ہلز، حیدرآباد 500004

۴۷۔ نسیم عارفی c/o سیاست، جواہر لال نہرو روڈ، حیدرآباد۔ 500 001

۴۸۔ وقار خلیل c/o ایوانِ اردو، پنجہ گٹہ روڈ، حیدرآباد۔

500 482

۴۹۔ (ڈاکٹر) یوسف کمال 23/A نور خان بازار، حیدرآباد 500024

۵۰۔ یوسف اعظمی 5-9-1115/44 کنگ کوٹھی روڈ، حیدرآباد

500 001

۵۱۔ (پروفیسر) یوسف سرمست 8-2-629/1/1 بنجارہ ہلز،

500 034 حیدرآباد۔

حلف کے دو بانی رکن کے شعری مجموعے

شاخسانہ

(رؤف خلش)

رؤف خلش
شاخسانہ

دھوپ دیواریں سمندر آئینہ

(غیاث متین)

بین الاقوامی ایڈیشن معروف بک اسٹورس پر دستیاب ہیں